Passion for Black and White Photography

August and September 2016

Author, Photographer and Publisher
Ian McKenzie

ISBN-13: 978-1539371090
ISBN-10: 1539371093

BISAC Category
Photography/Collections,
Catalogs, Exhibitions/General

Copyright 2016 Ian McKenzie

www.iansbooks.com

Page 4

Page 5

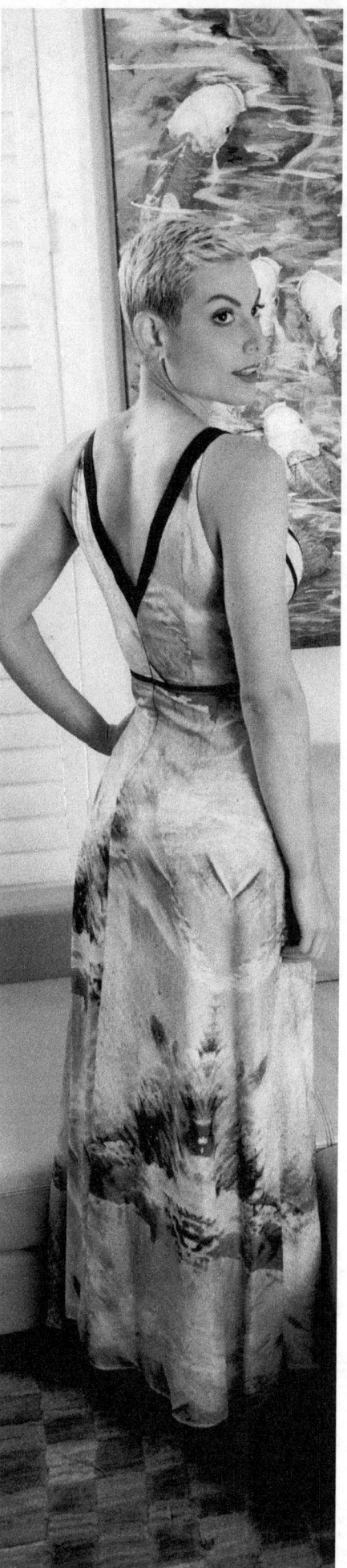

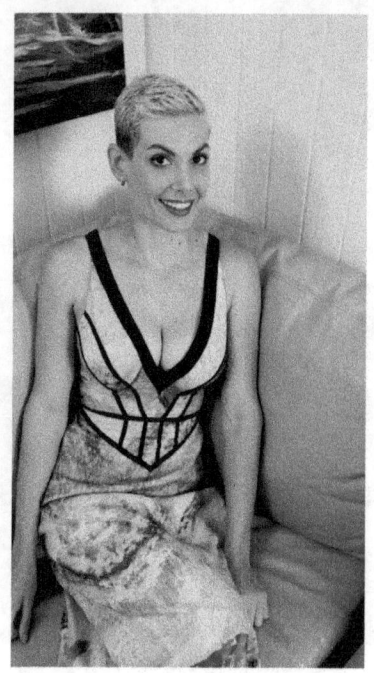

Page 6

Page 10

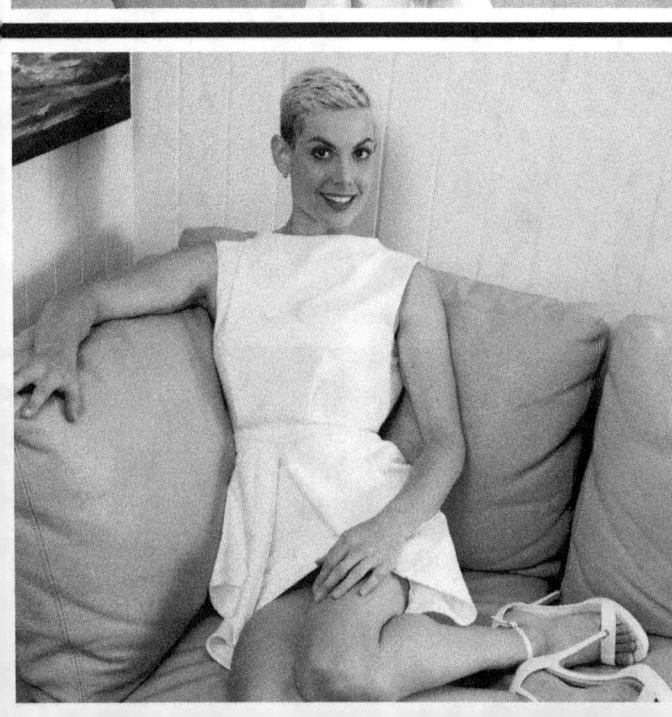

Page 14

Page 16

Page 19

Page 23

Page 29

Page 30

Page 31

Page 37

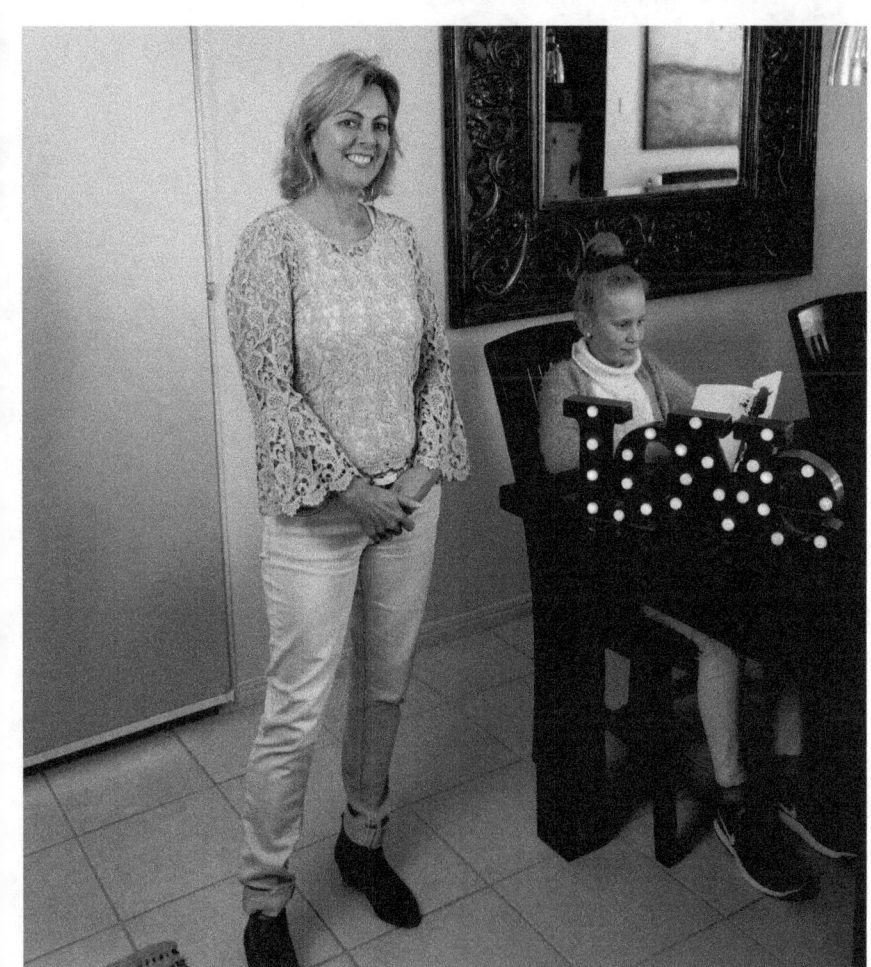

Page 38

Page 39

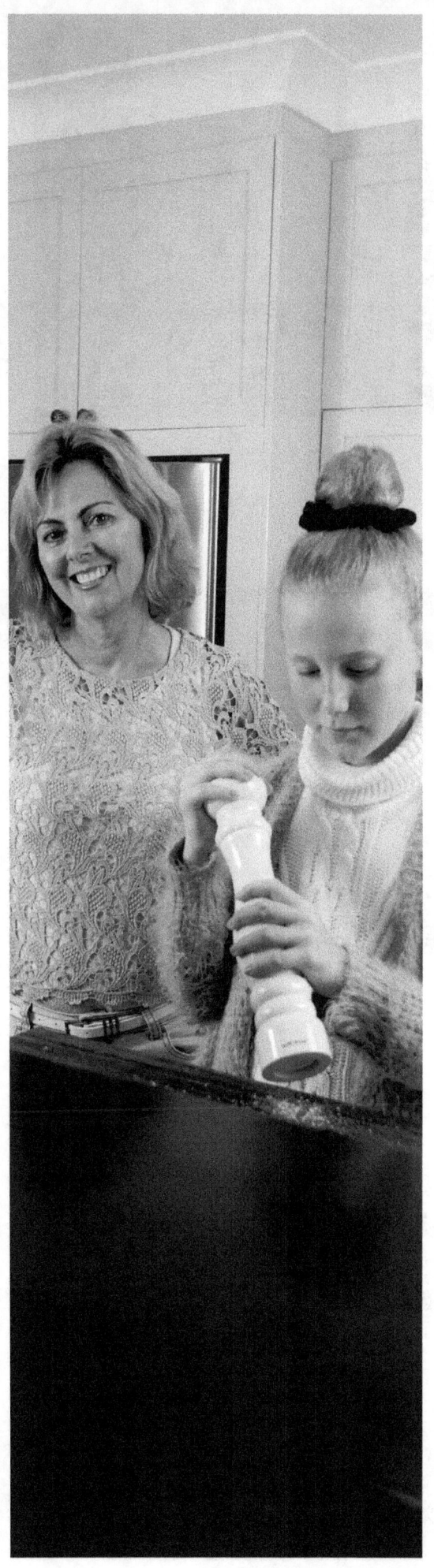

Page 43

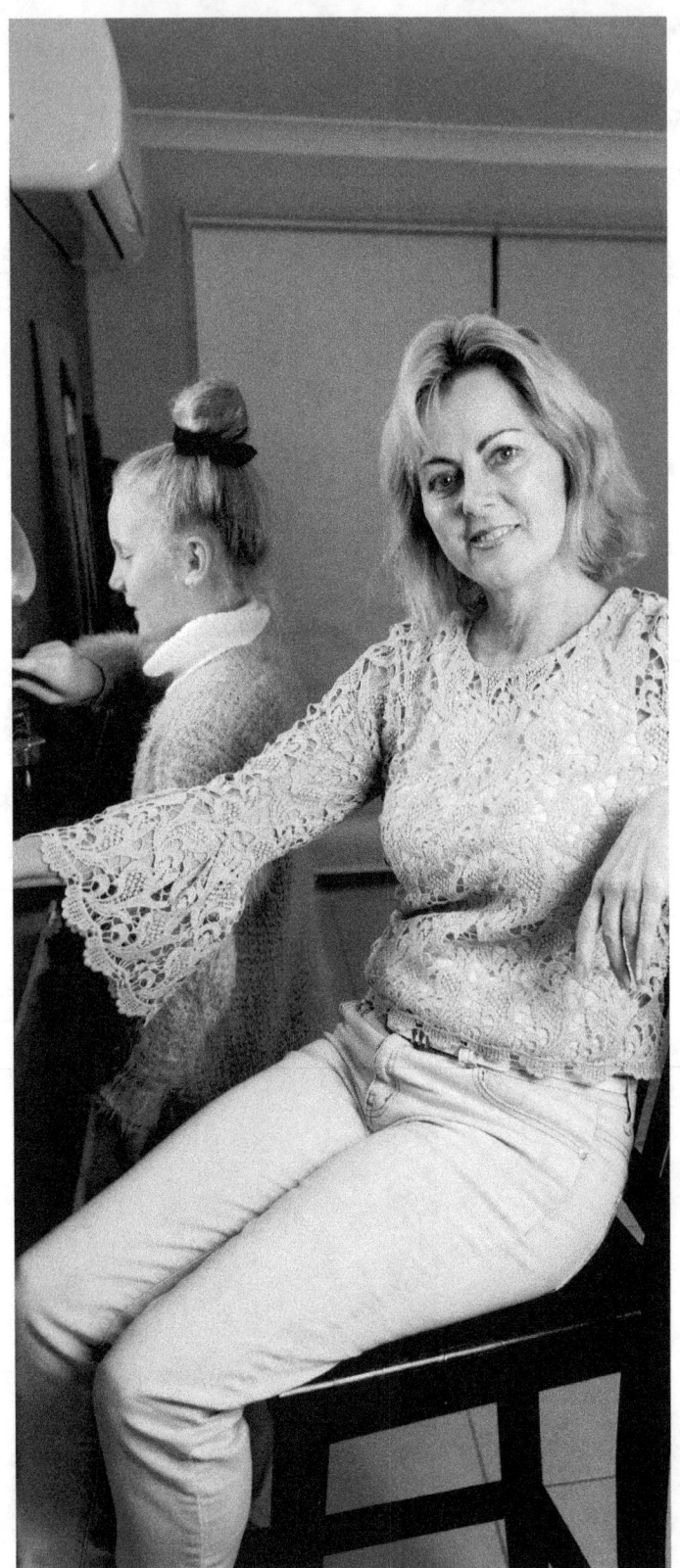

Page 47

Page 49

Page 52

Page 56

Page 58

Page 62

Page 66

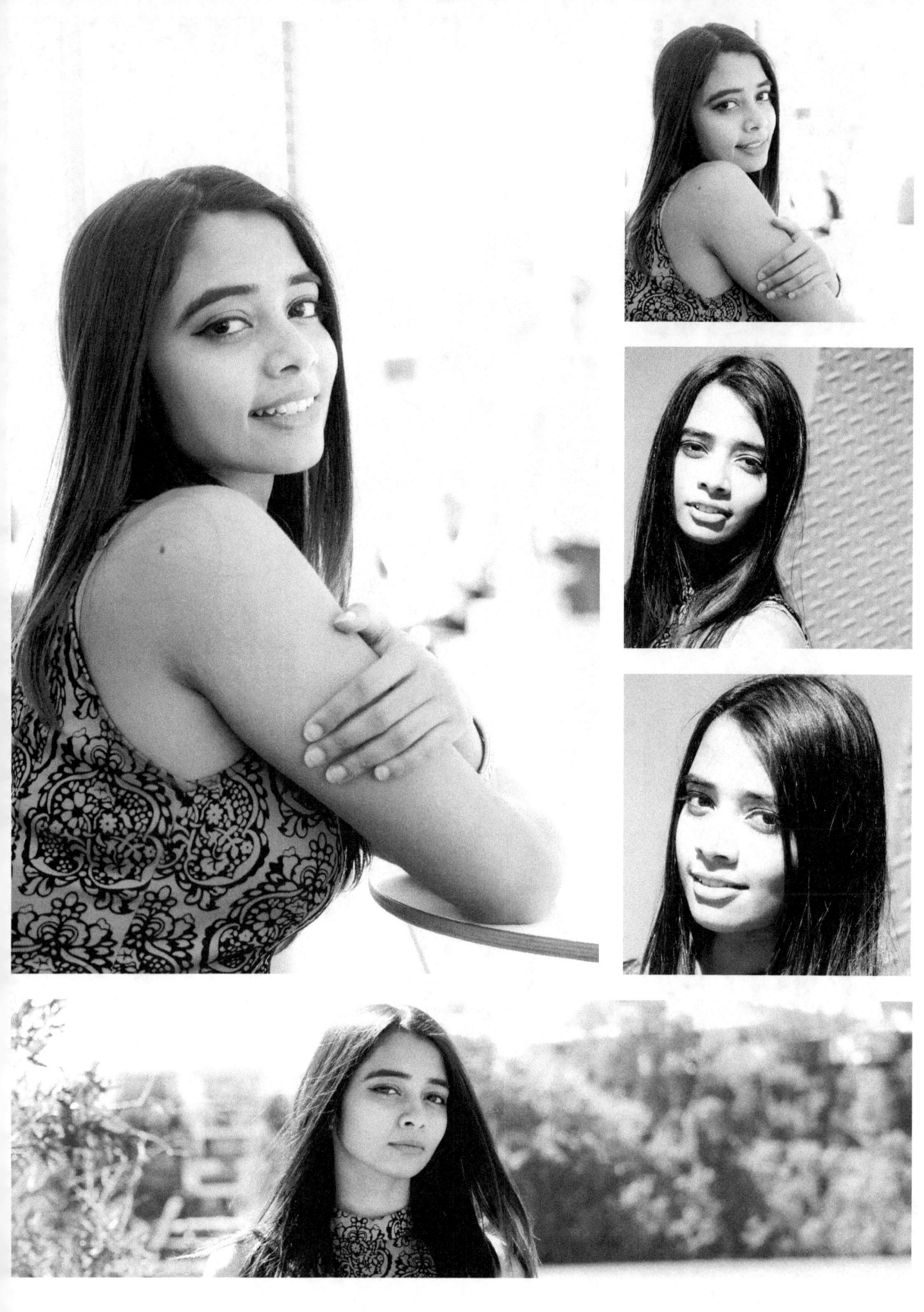

Page 72

Page 74

Page 83

Page 93

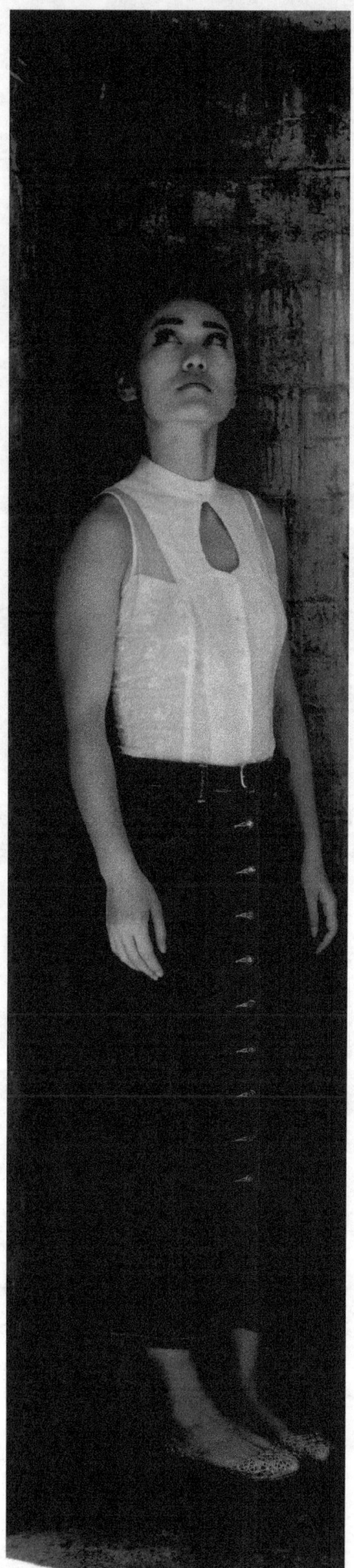

Page 94

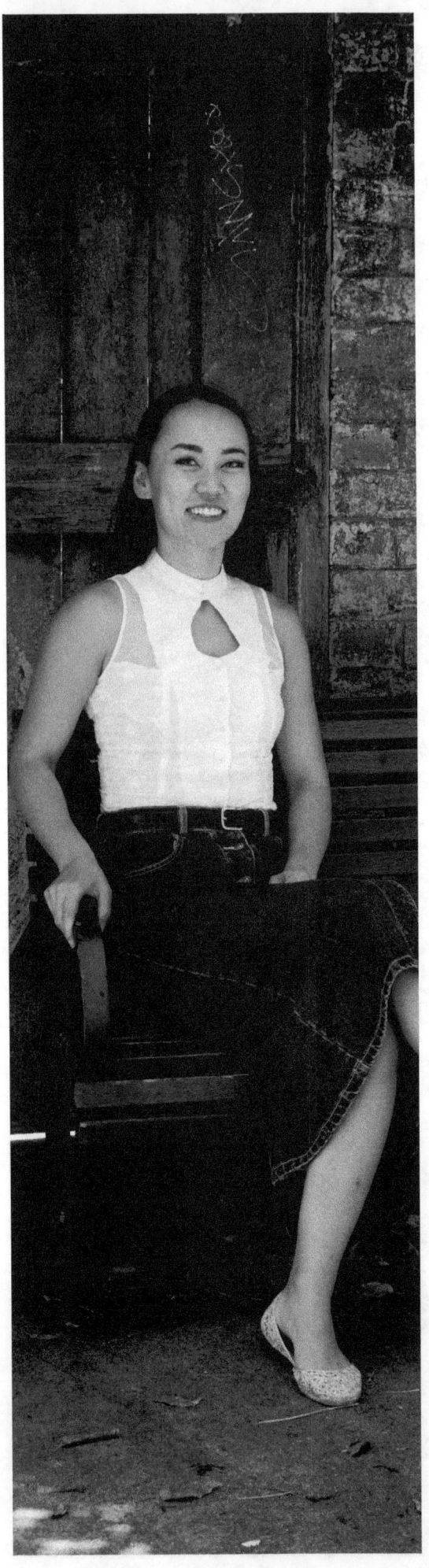

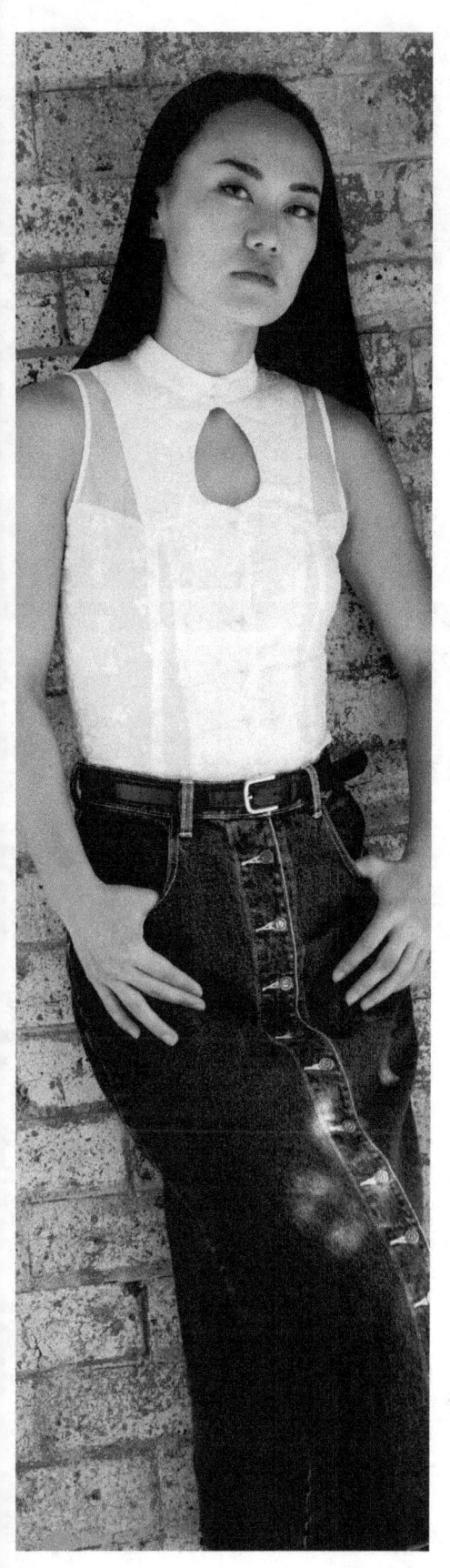

Page 101

www.ingramcontent.com/pod-product-compliance
Lightning Source LLC
Chambersburg PA
CBHW080710190526
45169CB00006B/2324